Alcazar

ABCDEFGHI
JKLMNOPQRS
TUVWXYZ

(&;!?$£)

abcdefghijklmn
opqrstuvwxyz

1234567890

A character map showing all the characters in this font appears on the reverse of this page. This is true for all fonts. 1

Alcazar

`	1	2	3	4	5	6	7	8	9	0	-	=
q	w	e	r	t	y	u	i	o	p	[	]	\
a	s	d	f	g	h	j	k	l	;	'		
z	x	c	v	b	n	m	,	.	/			

Shift

~	!	@	#	$	%	^	&	*	(	)	_	+
Q	W	E	R	T	Y	U	I	O	P	{	}		
A	S	D	F	G	H	J	K	L	:	"		
Z	X	C	V	B	N	M	<	>	?			

Option

`	¡	™	£	¢				•	Ž	ž	–	
œ	Š	´	®		¥	¨	^	ø	Ý	"	˙	«
å	ß	ł	€	©	·		°		…	æ		
€		ç		ý	~	Ł						

Shift/Option

`			‹	›				°		,	—	
Œ	„	´		ˇ	Á	¨	^	Ø	Š	"	’	»
Å	Í	Î	Ï	″	Ó	Ô		Ò	Ú	Æ		
˛	˛	Ç		ı	˜	Â	¯	˜	¿			

Art Sans

ABCDEFGHI
JKLMNOPQRS
TUVWXYZ

(&;!?$£)

abcdefghijklmn
opqrstuvwxyz

★ ★ ☆ ☆

1234567890

Art Sans

`	1	2	3	4	5	6	7	8	9	0	-	=
q	w	e	r	t	y	u	i	o	p	[	]	☆
a	s	d	f	g	h	j	k	l	;	'		
z	x	c	v	b	n	m	,	.	/			

Shift

~	!	@	#	$	%	^	&	*	(	)	_	+
Q	W	E	R	T	Y	U	I	O	P	☆	★	☆
A	S	D	F	G	H	J	K	L	:	"		
Z	X	C	V	B	N	M	<	>	?			

Option

`	¡	™	£	¢		§		•	Ž	ž	–	
œ	Š	´	®		¥	¨	ˆ	ø	Ý	“	‘	«
å	ß	ł	€	©	˙		˚		…	æ		
€		ç		ý	˜	Ł						

Shift/Option

`			‹	›				°		‚	—	
Œ	„	´	R	ˇ	Á	¨	ˆ	Ø	š	”	’	»
Å	Í	Î	Ï	˝	Ó	Ô	Ò	Ú	Æ			
¸	˛	Ç		ı	˜	Â	¯	˘	¿			

Backhand Script

ABCDEFGHI
JKLMNOPQRS
TUVWXYZ
(&;!?$£)

abcdefghijklmn
opqrstuvwxyz

radio station   radio station

There is a small "entering stroke" in place of the @ sign
used to improve the appearance of words beginning with "r" and "s"

Terminal Swash   Nice Effects

Terminal swashes will be found on the bar (|) and backslash (\) key

1234567890

Backhand Script

`	1	2	3	4	5	6	7	8	9	0	-	=
q	w	e	r	t	y	u	i	o	p	[	]	\
a	s	d	f	g	h	j	k	l	;	‘		
z	x	c	v	b	n	m	,	.	/			

Shift

~	!	´	#	$	%	^	&	*	(	)	_	+
Q	W	E	R	T	Y	U	I	O	P	{	}	|
A	S	D	F	G	H	J	K	L	:	“		
Z	X	C	V	B	N	M	<	>	?			

Option

`	¡	™	£	¢			¶	•	Ž	ž	–	
œ	Š	´	®		¥	¨	ˆ	ø	Ý	“	‘	«
å	ß	ł	€	©	˙		˚		…	æ		
€		ç		ý	˜	ł						

Shift/Option

`			‹	›				°	·	‚	—	
Œ	„	´		ˇ	Á	¨	ˆ	Ø	š	”	’	»
Å	Í	Î	Ï	˝	Ó	Ô		Ò	Ú	Æ		
¸	˛	Ç		ı	˜	Â	¯	˘	¿			

Balderdash

ABCDEFGHIJ

KLMNOPQRST

UVWXYZ

(&;!?$£)

abcdefghijklmnop

qrstuvwxyz

★ ☆ ✦ ✺

1234567890

Balderdash

`	1	2	3	4	5	6	7	8	9	0	-	=
q	w	e	r	t	y	u	i	o	p	[	]	☆
a	s	d	f	g	h	j	k	l	;	'		
z	x	c	v	b	n	m	,	.	/			

Shift

~	!	@	#	$	%	^	&	*	(	)	_	+
Q	W	E	R	T	Y	U	I	O	P	❀	✦	★
A	S	D	F	G	H	J	K	L	:	"		
Z	X	C	V	B	N	M	<	>	?			

Option

`	¡	™	£	¢			•	Ž	ž	–	
œ	Š	´	®		¥	¨	^	ø	Ý	"	'	«
å	ß	ł	€	©	·		°		…	æ		
€		ç		ý	~		Ł					

Shift/Option

`			‹	›				°	·	„	—	
Œ	„	´		ˇ	Á	¨	^	Ø	Š	"	'	»
Å	Í	Î	Ï	˝	Ó	Ô		Ò	Ú	Æ		
˳	˛	Ç		ı	~	Â	ˉ		¿			

CAVALCADE

ABCDEFG
HIJKLMNO
PQRSTUV
WXYZ

(&;!?$£)

BUFFALO BILL'S
WILD WEST SHOW

1234567890

CAVALCADE

`	1	2	3	4	5	6	7	8	9	0	-	=
Q	W	E	R	T	Y	U	I	O	P	[	]	\
A	S	D	F	G	H	J	K	L	;	'		
Z	X	C	V	B	N	M	,	.	/			

Shift

~	!	@	#	$	%	^	&	*	(	)	_	+
Q	W	E	R	T	Y	U	I	O	P	{	}	|
A	S	D	F	G	H	J	K	L	:	"		
Z	X	C	V	B	N	M	<	>	?			

Option

`	¡	™	£	¢			•	Ž	Ž	–	
Œ	Š	´	®		¥	¨	^	Ø	Ý	"	e	«
Å		Ł	€	©	·		°		…	Æ	
€		Ç	Ý	~	Ł						

Shift/Option

`			‹	›				°	•	,	—	
Œ	„	´		ˇ	Á	¨	^	Ø	Š	"	'	»
Å	Í	Î	Ï	˝	Ó	Ô		Ò	Ú	Æ	
˛	˛	Ç		I	˜	Â	ˉ	˘	¿		

CENTENNIAL

ABCDEFGHIJKLMN
OPQRSTUVWXYZ
(&;!?$£)

HARVEST FESTIVAL
AT THE FAIRGROUNDS

1234567890

CENTENNIAL

`	1	2	3	4	5	6	7	8	9	0	-	=
Q	W	E	R	T	Y	U	I	O	P	[	]	\
A	S	D	F	G	H	J	K	L	;	'		
Z	X	C	V	B	N	M	,	.	/			

Shift

~	!	@	#	$	%	^	&	*	(	)	_	+
Q	W	E	R	T	Y	U	I	O	P	{	}		
A	S	D	F	G	H	J	K	L	:	"		
Z	X	C	V	B	N	M	<	>	?			

Option

`	¡	™	£	¢			•	Ž	Ž	–		
Œ	Š	´	®		¥	¨	^	Ø	Ý	"	'	«
Å		Ł	€	©	·		°			…	Æ	
€		Ç	Ý	~	Ł							

Shift/Option

`			‹	›			°	•	,	—		
Œ	„	´		ˇ	Á	¨	^	Ø	Š	"	'	»
Å	Í	Î	Ï	˝	Ó	Ô		Ò	Ú	Æ		
¸	˛	Ç		ı	~	Â	-	˘	¿			

Cinderella

ABCDEFGHIJKLMNOP

QRSTUVWXYZ

(&,·!?$£)

abcdefghijklmnop

qrstuvwxyz

1234567890

Cinderella

`	1	2	3	4	5	6	7	8	9	0	-	=
q	w	e	r	t	y	u	i	o	p	[	]	\
a	s	d	f	g	h	j	k	l	;	'		
z	x	c	v	b	n	m	,	.	/			

Shift

~	!	@	#	$	%	^	&	*	(	)	–	+
Q	W	E	R	T	Y	U	I	O	P	{	}	|
A	S	D	F	G	H	J	K	L	:	"		
Z	X	C	V	B	N	M	<	>	?			

Option

`	¡	™	£	¢				•	Ž	ž	–	
œ	Š	´	®		¥	¨	^	ø	Ý	"	'	«
å	ß	∂	ƒ	©	·		°			…	ɿ	
Ω	ç		ý	~	ł							

Shift/Option

`			‹	›				°	•	,	—	
Œ	„	´		ˇ	Á	¨	^	Ø	š	"	'	»
Å	Í	Î	Ï	˝	Ó	Ô		Ò	Ú	Æ		
₂	˛	Ç		ı	˜	Â	ˉ	˘	¿			

CIRCUS TIME

ABCDEFG
HIJKLMNO
PQRSTUV
WXYZ

(&;!?$£)

P. T. BARNUM'S
AMERICAN MUSEUM

1234567890

CIRCUS TIME

`	1	2	3	4	5	6	7	8	9	0	-	=
Q	W	E	R	T	Y	U	I	O	P	[	]	\
A	S	D	F	G	H	J	K	L	;	'		
Z	X	C	V	B	N	M	,	.	/			

Shift

~	!	@	#	$	%	^	&	*	(	)	_	+
Q	W	E	R	T	Y	U	I	O	P	{	}	|
A	S	D	F	G	H	J	K	L	:	¨		
Z	X	C	V	B	N	M	<	>	?			

Option

`	¡	™	£	¢				•	Ž	Ž	–	
Œ	Š	´	®		¥	¨	^	Ø	Ý	¨	•	«
Å		Ł	€	©	·		°			…	Æ	
€		Ç		Ý	~	Ł						

Shift/Option

`			‹	›				°	•		,	—
Œ	„	´		ˇ	Á	¨	^	Ø	Š	"	,	»
Å	Í	Î	Ï	"	Ó	Ô		Ò	Ú	Æ		
		Ç		ı	~	Â	¯	˘	¿			

DAISY

ABCDEFG
HIJKLMNO
PQRSTUV
WXYZ
(&;!?$£)

1234567890

DAISY

`	1	2	3	4	5	6	7	8	9	0	-	=
Q	W	E	R	T	Y	U	I	O	P	[	]	\
A	S	D	F	G	H	J	K	L	;	'		
Z	X	C	V	B	N	M	,	.	/			

Shift

~	!	@	#	$	!	^	&	*	(	)	_	+
Q	W	E	R	T	Y	U	I	O	P	♞	♞	🤝
A	S	D	F	G	H	J	K	L	:	"		
Z	X	C	V	B	N	M	☞	☜	?			

Option

`	¡	™	£	¢			·	Ž	Ž	-		
Œ	Š	´	®		¥	¨	^	Ø	Ý	"	'	«
Å		Ł	€	©	˙		°		…	Æ		
€		Ç		Ý	˜	Ł						

Shift/Option

`			‹	›			°	˙	˛	—		
Œ	„	´		˘	Á	¨	^	Ø	Š	"	'	»
Å	Í	Î	Ï	˝	Ó	Ô		Ò	Ú	Æ		
˛	˛	Ç	◆	I	˜	Â	¯	˘	¿			

DIAMOND INLAY

ABCDEFG

HIJKLMNO

PQRSTUV

WXYZ

(&;!?$£)

1234567890

DIAMOND INLAY

Shift

Option

Shift/Option

EARTHQUAKE

ABCDEFG
HIJKLMNO
PQRSTUV
WXYZ

(&;!?$£)

➤ ◆ ◄

1234567890

EARTHQUAKE

`	1	2	3	4	5	6	7	8	9	0	-	=
Q	W	E	R	T	Y	U	I	O	P	[	]	\
A	S	D	F	G	H	J	K	L	;	'		
Z	X	C	V	B	N	M	,	.	/			

Shift

~	!	@	#	$	%	^	&	*	(	)	_	+
Q	W	E	R	T	Y	U	I	O	P	➡	⬅	◆
A	S	D	F	G	H	J	K	L	:	"		
Z	X	C	V	B	N	M	<	>	?			

Option

`	¡	™	£	¢				•	Ž	Ž	–	
Œ	Š	´	®		¥	¨	ˆ	Ø	Ý	"	'	«
Å		Ł	€	©	˙		˚		…	Æ		
€		Ç		Ý	˜	Ł						

Shift/Option

`			‹	›				°	·	‚	—	
Œ	„	´		ˇ	Á	¨	ˆ	Ø	Š	"	'	»
Å	Í	Î	Ï	˝	Ó	Ô		Ò	Ú	Æ		
¸	˛	Ç		ı	˜	Â	¯	˘	¿			

HOMETOWN

ABCDEFG
HIJKLMNO
PQRSTUV
WXYZ

(&;!?$£)

CAROUSEL ANIMAL EXHIBIT
AT THE HARVEST FAIR

1234567890

HOMETOWN

`	1	2	3	4	5	6	7	8	9	0	-	=
Q	W	E	R	T	Y	U	I	O	P	[	]	\
A	S	D	F	G	H	J	K	L	;	'		
Z	X	C	V	B	N	M	,	.	/			

Shift

~	!	@	#	$	%	^	&	*	(	)	_	+
Q	W	E	R	T	Y	U	I	O	P	{	}	|
A	S	D	F	G	H	J	K	L	:	"		
Z	X	C	V	B	N	M	<	>	?			

Option

`	¡	™	£	¢				•	Ž	Ž	–	
Œ	Š	´	®	†	¥	¨	^	Ø	Ý	"	'	«
Å		Ł	€	©	·		°		…	Æ		
€		Ç		Ý	~	Ł						

Shift/Option

˘			‹	›				°	·	‚	—	
Œ	„	´		ˇ	Á	¨	^	Ø	Š	"	'	»
Å	Í	Î	Ï	˝	Ó	Ô		Ò	Ú	Æ		
˛	˘	Ç	◆	I	˜	Â	ˉ	˘	¿			

HOUDINI

ABCDEFG
HIJKLMNO
PQRSTUV
WXYZ

((&;!?$£))

THE WORLD'S GREATEST
ESCAPE ARTIST!

1234567890

HOUDINI

`	1	2	3	4	5	6	7	8	9	0	-	=
Q	W	E	R	T	Y	U	I	O	P	[	]	\
A	S	D	F	G	H	J	K	L	;	'		
Z	X	C	V	B	N	M	,	.	/			

Shift

~	!	@	#	$	%	^	&	*	(	)	_	+
Q	W	E	R	T	Y	U	I	O	P	{	}		
A	S	D	F	G	H	J	K	L	:	"		
Z	X	C	V	B	N	M	<	>	?			

Option

`	¡	™	£	¢				•	Ž	Ž	–	
Œ	Š	´	®		¥	¨	^	Ø	Ý	"	'	«
Å		Ł	€	©	·		°		…	Æ		
€		Ç		Ý	~	Ł						

Shift/Option

`			‹	›				°	·	,	—	
Œ	„	´		ˇ	Á	¨	^	Ø	Š	"	'	»
Å	Í	Î	Ï	″	Ó	Ô		Ò	Ú	Æ		
˛	ˉ	Ç		Ħ	~	Å	˘	˘	¿			

Jason Wood

ABCDEFGHIJ

KLMNOPQRST

UVWXYZ

(&;!?$£)

ABCDEFGHIJKLMNO

PQRSTUVWXYZ

1234567890

JASON WOOD

`	1	2	3	4	5	6	7	8	9	0	-	=
Q	W	E	R	T	Y	U	I	O	P	[	]	\
A	S	D	F	G	H	J	K	L	;	'		
Z	X	C	V	B	N	M	,	.	/			

Shift

~	!	@	#	$	%	^	&	*	(	)	_	+
Q	W	E	R	T	Y	U	I	O	P	{	}		
A	S	D	F	G	H	J	K	L	:	"		
Z	X	C	V	B	N	M	<	>	?			

Option

`	¡	™	£	¢			•	Ž	ž	–	
Œ	Š	´	®		¥	¨	^	ø	Ý	"	'	«
Å		Ł	€	©	˙		°		…	Æ	
€		Ç		Ý	˜	Ł					

Shift/Option

~			‹	›				°	•	‚	—	
Œ	„	¯		˘	Á	¨	^	Ø	Š	"	'	»
Å	Í	Î	Ï	˝	Ó	Ô		Ò	Ú	Æ	
˛	˛	Ç		ı	˜	Â	ˉ	˘	¿		

MONA

ABCDEF
GHIJKLM
NOPQRS
TUVW
XYZ
(&;!?$£)

1234567890

MONA

`	1	2	3	4	5	6	7	8	9	0	-	=
Q	W	E	R	T	Y	U	I	O	P	[	]	\
A	S	D	F	G	H	J	K	L	;	'		
Z	X	C	V	B	N	M	,	.	/			

Shift

~	!	@	#	$	%	^	&	*	(	)	_	+
Q	W	E	R	T	Y	U	I	O	P	{	}		
A	S	D	F	G	H	J	K	L	:	"		
Z	X	C	V	B	N	M	<	>	?			

Option

`	¡	™	£	¢			•	Ž	Ž	–	
Œ	Š	´	®		¥	¨	^	Ø	Ý	"	'	«
Å	Ł	€	©	·		°		…	Æ	
€	Ç	Ý	~	Ł						

Shift/Option

`			‹	›			°	·	‚	—	
Œ	„	´		ˇ	Á	¨	^	Ø	Š	"	'	»
Å	Í	Î	Ï	˝	Ó	Ô		Ò	Ú	Æ	
˛	˓	Ç		Ι	~	Â			¿	

PANJANDRUM

ABCDEFG
HIJKLMNO
PQRSTUV
WXYZ

★ (&;!?$£) ★

"TREASURES OF THE SIERRA"
GOLDTOWNS OF YESTERYEAR

1234567890

PANJANDRUM

`	1	2	3	4	5	6	7	8	9	0	-	=
Q	W	E	R	T	Y	U	I	O	P	[	]	★
A	S	D	F	G	H	J	K	L	;	'		
Z	X	C	V	B	N	M	,	.	/			

Shift

~	!	@	#	$	%	^	&	*	(	)	_	+
Q	W	E	R	T	Y	U	I	O	P	{	}		
A	S	D	F	G	H	J	K	L	:	"		
Z	X	C	V	B	N	M	<	>	?			

Option

`	¡	™	£	¢				•	Ž	Ž	–	
Œ	Š	´	®		¥	¨	^	Ø	Ý	"	'	«
Å		Ł	€	©	·		°		…	Æ		
€		Ç	Ý	~	Ł							

Shift/Option

`			‹	›				°	▪	,	—	
Œ	„	´		ˇ	Á	¨	^	Ø	Š	"	'	»
Å	Í	Î	Ï	"	Ó	Ô		Ð	Ú	Æ		
¸	˛	Ç		ı	~	Â	¯	˘	¿			

Penzance

ABCDEFGHI

JKLMNOPQRS

TUVWXYZ

(&;!?$£)

abcdefghijklmn

opqrstuvwxyz

1234567890

Penzance

`	1	2	3	4	5	6	7	8	9	0	-	=
q	w	e	r	t	y	u	i	o	p	[	]	☆
a	s	d	f	g	h	j	k	l	;	'		
z	x	c	v	b	n	m	,	.	/			

Shift

~	!	@	#	$	%	^	&	*	(	)	_	+
Q	W	E	R	T	Y	U	I	O	P	{	}	★
A	S	D	F	G	H	J	K	L	:	"		
Z	X	C	V	B	N	M	★	☆	?			

Option

`	¡	™	£	¢			•	Ž	ž	–	
œ	Š	´	®		¥	¨	^	ø	Ÿ	"	'	«
å	ß	ł	€	©	·		°		…	æ	
€		ç		ÿ	~	Ł					

Shift/Option

`			‹	›				°		,	—	
Œ	„	´		ˇ	Á	¨	^	Ø	š	"	'	»
Å	Í	Î	Ï	˝	Ó	Ô		Ò	Ú	Æ	
˛	˛	Ç	◆	ı	~	Â	¯	˘	¿		

34

RINGMASTER

ABCDEFGHI
JKLMNOPQR
STUVWXYZ
(&;!?$£)

BIG JOHN O'DELL'S
LITTLE CIRCUS

1234567890

RINGMASTER

`	1	2	3	4	5	6	7	8	9	0	-	=
Q	W	E	R	T	Y	U	I	O	P	[	]	\
A	S	D	F	G	H	J	K	L	;	'		
Z	X	C	V	B	N	M	,	.	/			

Shift

~	!	@	#	$	%	^	&	*	(	)	_	+
Q	W	E	R	T	Y	U	I	O	P	{	}	|
A	S	D	F	G	H	J	K	L	:	"		
Z	X	C	V	B	N	M	<	>	?			

Option

`	¡	™	£	¢				•	Ž	Ž	–	
Œ	Š	´	®		¥	¨	^	Ø	Ÿ	"	'	«
Å		Ł	€	©	·		°			…	Æ	
€		Ç		Ÿ	~	Ł						

Shift/Option

`			‹	›				°	·	,	—	
Œ	„	–		ˇ	Á	¨	^	Ø	Š	"	'	»
Å	Í	Î	Ï	"	Ó	Ô		Ò	Ú	Æ		
˛	˘	Ç		˛	~	Â	¯	˘	¿			

SHOWTIME

ABCDEFG
HIJKLMNOP
QRSTUV
WXYZ
→(&;!?$£)←
★☆★
1234567890

SHOWTIME

`	1	2	3	4	5	6	7	8	9	0	▫	=
Q	W	E	R	T	Y	U	I	O	P	[	]	☆
A	S	D	F	G	H	J	K	L	;	'		
Z	X	C	V	B	N	M	,	.	/			

Shift

~	!	@	#	$	%	^	&	*	(	)	_	+
									➡	⬅	★	
									▫	"		
							◆	◆	?			

Option

`	¡	™	£	¢				°		Ž	⁃	
Œ		´	®		¥	¨	ˆ	Ø		"	'	«
Å		Ł	€	©	·		˚		⋯	Æ		
€		Ç	Ý		˜							

Shift/Option

`			‹	›				○	▫	‚	⁙	
	„	`		˘		¨	ˆ	Š	"	'	»	
				"								
˳	ˏ			˜		—	˘	ȼ				

38

STARTIME

ABCDEFG
HIJKLMN
OPQRSTU
VWXYZ
(&;!?$¢)

☆ ★ ✬

✩ ★ ☆

1234567890

S*TAR*TIME

`	1	2	3	4	5	6	7	8	9	0	-	=
Q	W	E	R	T	Y	U	I	O	P	[	]	☆
A	S	D	F	G	H	J	K	L	;	'		
Z	X	C	V	B	N	M	,	.	/			

Shift

~	!		#	$	%	^	&	*	(	)	_	+
									☆	☆	☆	
								⋆	"			
					☆	★	?					

Option

`	¡	™	£	¢			☆		Ž		
ŒE			®		¥	°°	^	Ø	"	ı	«
Å		Ł	€	©	°		°		⋆⋆⋆	ÆE	
€		Ç	Ÿ	~							

Shift/Option

`			‹	›			°			******	
			˘		°°	^	Š	"	ı	»	
			°°				Ò	Ú			
			Ï	~		‾	˘	¿			
₅	₵										

TOKYO

ABCDEFG

HIJKLMNOP

QRSTUV

WXYZ

(&;!?$£)

<{[**]}>

1234567890

TOKYO

	1	2	3	4	5	6	7	8	9	0	-	=
`	1	2	3	4	5	6	7	8	9	0	-	=
Q	W	E	R	T	Y	U	I	O	P	[	]	\
A	S	D	F	G	H	J	K	L	;	'		
Z	X	C	V	B	N	M	,	.	/			

Shift

~	!	@	#	$	%	^	&	*	(	)	_	+
Q	W	E	R	T	Y	U	I	O	P	{	}		
A	S	D	F	G	H	J	K	L	:	"		
Z	X	C	V	B	N	M	<	>	?			

Option

`	¡	™	£	¢				•	Ž	Ž	–	
Œ	Š	ˉ	®	†	¥	¨	ˆ	Ø	Ý	"	'	«
Å		Ł	€	©	·		◇		…	Æ		
€		Ç		Ŷ	~	Ł						

Shift/Option

`			‹	›				°	◂	'	—	
Œ	"	ˊ		ˇ	Å	¨	ˆ	Ø	Š	"	'	»
Å	Î	Î	Ï		Ô	Ô	Ô	Û	Æ			
	Ç	◇	ı	~	Â	-	˘		◆			

TORPEDO

ABCDEFGHIJKLMNO

PQRSTUVWXYZ

[&;·!?$£]

ZACHINI
THE HUMAN CANNONBALL

1234567890

TORPEDO

`	1	2	3	4	5	6	7	8	9	0	-	=
Q	W	E	R	T	Y	U	I	O	P	[	]	\
A	S	D	F	G	H	J	K	L	;	'		
Z	X	C	V	B	N	M	,	.	/			

Shift

~	!	@	#	$	%	^	&	*	{	}	_	+
Q	W	E	R	T	Y	U	I	O	P	{	}		
A	S	D	F	G	H	J	K	L	:	"		
Z	X	C	V	B	N	M	<	>	?			

Option

`	¡	™	£	¢			•	Ž	Ž	–		
Œ	Š	´	®		¥	¨	^	Ø	Ý	"	'	«
Å		Ł	€	©	˙		°		…	Æ		
€		Ç		Ý	~	Ł						

Shift/Option

`			‹	›				°	•	,	—	
Œ	„	´		ˇ	Á	¨	^	Ø	Š	"	‚	»
Å	Í	Î	Ï	˝	Ó	Ô		Ò	Ú	Æ		
‚	˛	Ç		ı	~	Â	¯	˘	¿			

44

TOUSSANT

ABCDEFG
HIJKLMNOP
QRSTUV
WXYZ
(&;!?$£)

THE GREAT TOUSSANT
HYPNOTIST

1234567890

TOUSSANT

`	1	2	3	4	5	6	7	8	9	0	-	=
Q	W	E	R	T	Y	U	I	O	P	[	]	\
A	S	D	F	G	H	J	K	L	;	'		
Z	X	C	V	B	N	M	,	.	/			

Shift

~	!	@	#	$	%	^	&	*	(	)	_	+
Q	W	E	R	T	Y	U	I	O	P	{	}	|
A	S	D	F	G	H	J	K	L	:	"		
Z	X	C	V	B	N	M	<	>	?			

Option

`	¡	™	£	¢			•	Ž	Ž	–		
Œ	Š	´	®	†	¥	¨	^	Ø	Ý	"	'	«
Å		Ł	€	©	·		°		…	Æ		
€		Ç		Ý	~	Ł						

Shift/Option

`			«	»			○	•	‚	—		
Œ	„	´		ˇ	Á	¨	^	Ø	Š	"	'	»
Å	Í	Î	Ï	˝	Ó	Ô		Ò	Ú	Æ		
₅	‛	Ç	◆	I	˜	Â	¯	˘	¿			

WAVE

ABCDEFG
HIJKLMNOP
QRSTUV
WXYZ

(&;!?$£)

SPEND A DAY BY THE SEA
THE BEST IS YET TO BE

1234567890

WAVE

`	1	2	3	4	5	6	7	8	9	0	-	=
Q	W	E	R	T	Y	U	I	O	P	[	]	\
A	S	D	F	G	H	J	K	L	;	'		
Z	X	C	V	B	N	M	,	.	/			

Shift

~	!	@	#	$	%	^	&	*	(	)	_	+
Q	W	E	R	T	Y	U	I	O	P	{	}	|
A	S	D	F	G	H	J	K	L	:	"		
Z	X	C	V	B	N	M	<	>	?			

Option

`	¡	™	£	¢			•	Ž	Ž	–		
Œ	Š	´	®	†	¥	¨	^	Ø	Ý	"	'	«
Å		Ł	€	©	·		°		…	Æ		
€		Ç		Ý	~	Ł						

Shift/Option

`			‹	›			°	·	,	—		
Œ	„	´		ˇ	Á	¨	^	Ø	Š	"	'	»
Å	Í	Î	Ï	˝	Ó	Ô		Ò	Ú	Æ		
˒	ˌ	Ç	◆	ı	˜	Â	ˉ	˘	¿			